개역개정판/

series 5

그리스도를 증거함

THE NAVIGATORS

1. 전도

1) 모든 사람에게 전파함 골 1:27-28
2) 하나님의 사신이 됨 고후 5:19-20
3) 하나님을 기쁘시게 함 살전 2:4
4) 모든 사람을 섬김 고전 9:19
5) 시기를 분별함 요 4:35
6) 생명을 나눔 살전 2:8
7) 죄의 실재 롬 3:10-12
8) 죄의 결말 살후 1:8-9
9) 그리스도께서 값을 치르심 벧전 2:24
10) 선물로 주신 구원 딤후 1:9
11) 믿고 영접함 롬 10:9-10
12) 구원의 확신 요 10:28-29

2. 변명

1) 나는 그렇게 나쁜 사람이 아니다 잠 21:2
2) 포기할 게 너무 많다 막 8:36
3) 이해할 수 없다 요 7:17
4) 나는 아직 그렇게 선하지는 못하다 눅 5:31-32
5) 사람들이 어떻게 생각할까 요 5:44
6) 나는 지속하지 못할 것이다 히 7:25
7) 좀 더 기다려 보겠다 잠 27:1
8) 위선자가 너무 많다 롬 14:12
9) 그리스도를 믿을 수 없다 요 5:39
10) 다른 종교는 어떠한가 잠 14:12
11) 하나님은 아무도 지옥에 보내시지 않을 것이다 마 25:41
12) 이교도들은 어떻게 되나 롬 1:20

모든 사람에게 전파함

골로새서 1:27-28
하나님이 그들로 하여금 이 비밀의 영광이 이방인 가운데 얼마나 풍성한지를 알게 하려 하심이라. 이 비밀은 너희 안에 계신 그리스도시니 곧 영광의 소망이니라. 우리가 그를 전파하여 각 사람을 권하고 모든 지혜로 각 사람을 가르침은 각 사람을 그리스도 안에서 완전한 자로 세우려 함이니

골로새서 1:27-28

1 전도

Reaching All Men

Colossians 1:27-28

To them God has chosen to make known among the Gentiles the glorious riches of this mystery, which is Christ in you, the hope of glory. We proclaim Him, admonishing and teaching everyone with all wisdom, so that we may present everyone perfect in Christ.

Colossians 1:27-28

하나님의 사신이 됨

고린도후서 5:19-20

곧 하나님께서 그리스도 안에 계시사 세상을 자기와 화목하게 하시며 그들의 죄를 그들에게 돌리지 아니하시고 화목하게 하는 말씀을 우리에게 부탁하셨느니라. 그러므로 우리가 그리스도를 대신하여 사신이 되어 하나님이 우리를 통하여 너희를 권면하시는 것같이 그리스도를 대신하여 간청하노니 너희는 하나님과 화목하라.

고린도후서 5:19-20

Representing God

2 Corinthians 5:19-20

That God was reconciling the world to Himself in Christ, not counting men's sins against them. And He has committed to us the message of reconciliation. We are therefore Christ's ambassadors, as though God were making His appeal through us. We implore you on Christ's behalf: Be reconciled to God.

2 Corinthians 5:19-20

하나님을 기쁘시게 함

데살로니가전서 2:4
오직 하나님께 옳게 여기심을 입어 복음을 위탁 받았으니 우리가 이와 같이 말함은 사람을 기쁘게 하려 함이 아니요 오직 우리 마음을 감찰하시는 하나님을 기쁘시게 하려 함이라.

데살로니가전서 2:4

Pleasing God

1 Thessalonians 2:4

On the contrary, we speak as men approved by God to be entrusted with the gospel. We are not trying to please men but God, who tests our hearts.

1 Thessalonians 2:4

모든 사람을 섬김

고린도전서 9:19
내가 모든 사람에게서 자유로우나 스스로 모든 사람에게 종이 된 것은 더 많은 사람을 얻고자 함이라.

고린도전서 9:19

Serving All Men

1 Corinthians 9:19

Though I am free and belong to no man, I make myself a slave to everyone, to win as many as possible.

1 Corinthians 9:19

시기를 분별함

요한복음 4:35
너희는 넉 달이 지나야 추수할 때가 이르겠다
하지 아니하느냐. 그러나 나는 너희에게 이르노
니 너희 눈을 들어 밭을 보라 희어져 추수하게
되었도다.

요한복음 4:35

Seeing Opportunities

John 4:35

Do you not say, "Four months more and
then the harvest"? I tell you, open your
eyes and look at the fields! They are ripe
for harvest.

John 4:35

생명을 나눔

데살로니가전서 2:8
우리가 이같이 너희를 사모하여 하나님의 복음 뿐 아니라 우리의 목숨까지도 너희에게 주기를 기뻐함은 너희가 우리의 사랑하는 자 됨이라.
데살로니가전서 2:8

Sharing Your Life

1 Thessalonians 2:8

We loved you so much that we were delighted to share with you not only the gospel of God but our lives as well, because you had become so dear to us.

1 Thessalonians 2:8

죄의 실재

로마서 3:10-12
기록된 바 의인은 없나니 하나도 없으며 깨닫는 자도 없고 하나님을 찾는 자도 없고 다 치우쳐 함께 무익하게 되고 선을 행하는 자는 없나니 하나도 없도다.

로마서 3:10-12

Sin a Reality

Romans 3:10-12

As it is written: "There is no one righteous, not even one; there is no one who understands, no one who seeks God. All have turned away, they have together become worthless; there is no one who does good, not even one."

Romans 3:10-12

죄의 결말

데살로니가후서 1:8-9

하나님을 모르는 자들과 우리 주 예수의 복음에 복종하지 않는 자들에게 형벌을 내리시리니 이런 자들은 주의 얼굴과 그의 힘의 영광을 떠나 영원한 멸망의 형벌을 받으리로다.

데살로니가후서 1:8-9

Consequences of Sin

2 Thessalonians 1:8-9

He will punish those who do not know God and do not obey the gospel of our Lord Jesus. They will be punished with everlasting destruction and shut out from the presence of the Lord and from the majesty of His power.

2 Thessalonians 1:8-9

그리스도께서 값을 치르심

베드로전서 2:24
친히 나무에 달려 그 몸으로 우리 죄를 담당하
셨으니 이는 우리로 죄에 대하여 죽고 의에 대
하여 살게 하려 하심이라. 그가 채찍에 맞음으
로 너희는 나음을 얻었나니

베드로전서 2:24

Christ Paid the Price

1 Peter 2:24

He Himself bore our sins in His body on the tree, so that we might die to sins and live for righteousness; by His wounds you have been healed.

1 Peter 2:24

선물로 주신 구원

디모데후서 1:9

하나님이 우리를 구원하사 거룩하신 소명으로 부르심은 우리의 행위대로 하심이 아니요 오직 자기의 뜻과 영원 전부터 그리스도 예수 안에서 우리에게 주신 은혜대로 하심이라.

디모데후서 1:9

Salvation a Free Gift

2 Timothy 1:9

Who has saved us and called us to a holy life—not because of anything we have done but because of His own purpose and grace. This grace was given us in Christ Jesus before the beginning of time.

2 Timothy 1:9

믿고 영접함

로마서 10:9-10
네가 만일 네 입으로 예수를 주로 시인하며 또 하나님께서 그를 죽은 자 가운데서 살리신 것을 네 마음에 믿으면 구원을 받으리라. 사람이 마음으로 믿어 의에 이르고 입으로 시인하여 구원에 이르느니라.

로마서 10:9-10

Believe and Receive Him

Romans 10:9-10

That if you confess with your mouth, "Jesus is Lord," and believe in your heart that God raised Him from the dead, you will be saved. For it is with your heart that you believe and are justified, and it is with your mouth that you confess and are saved.

Romans 10:9-10

구원의 확신

요한복음 10:28-29
내가 그들에게 영생을 주노니 영원히 멸망하지 아니할 것이요 또 그들을 내 손에서 빼앗을 자가 없느니라. 그들을 주신 내 아버지는 만물보다 크시매 아무도 아버지 손에서 빼앗을 수 없느니라.

요한복음 10:28-29

Assurance of Salvation

John 10:28-29

I give them eternal life, and they shall never perish; no one can snatch them out of My hand. My Father, who has given them to Me, is greater than all; no one can snatch them out of My Father's hand.

John 10:28-29

나는 그렇게 나쁜 사람이 아니다

잠언 21:2
사람의 행위가 자기 보기에는 모두 정직하여도
여호와는 마음을 감찰하시느니라.
잠언 21:2

I'm Not So Bad

Proverbs 21:2

All a man's ways seem right to him, but the Lord weighs the heart.

Proverbs 21:2

포기할 게 너무 많다

마가복음 8:36
사람이 만일 온 천하를 얻고도 자기 목숨을 잃으면 무엇이 유익하리요.

마가복음 8:36

Too Much to Give Up

Mark 8:36

What good is it for a man to gain the whole world, yet forfeit his soul?

Mark 8:36

이해할 수 없다

요한복음 7:17
사람이 하나님의 뜻을 행하려 하면 이 교훈이
하나님께로부터 왔는지 내가 스스로 말함인지
알리라.

요한복음 7:17

I Can't Understand

John 7:17

If anyone chooses to do God's will, he will find out whether My teaching comes from God or whether I speak on My own.

John 7:17

나는 아직 그렇게 선하지는 못하니

누가복음 5:31-32

예수께서 대답하여 이르시되 건강한 자에게는 의사가 쓸 데 없고 병든 자에게라야 쓸 데 있나니 내가 의인을 부르러 온 것이 아니요 죄인을 불러 회개시키려 왔노라.

누가복음 5:31-32

I'm Not Good Enough Yet

Luke 5:31-32

Jesus answered them, "It is not the healthy who need a doctor, but the sick. I have not come to call the righteous, but sinners to repentance."

Luke 5:31-32

사람들이 어떻게 생각할까

요한복음 5:44
너희가 서로 영광을 취하고 유일하신 하나님께로부터 오는 영광은 구하지 아니하니 어찌 나를 믿을 수 있느냐.

요한복음 5:44

What Will People Think?

John 5:44

How can you believe if you accept praise from one another, yet make no effort to obtain the praise that comes from the only God?

John 5:44

나는 지속하지 못할 것이다

히브리서 7:25

그러므로 자기를 힘입어 하나님께 나아가는 자들을 온전히 구원하실 수 있으니 이는 그가 항상 살아 계셔서 그들을 위하여 간구하심이라.

히브리서 7:25

I Can't Hold Out

Hebrews 7:25

Therefore He is able to save completely those who come to God through Him, because He always lives to intercede for them.

Hebrews 7:25

좀 더 기다려 보겠다

잠언 27:1
너는 내일 일을 자랑하지 말라. 하루 동안에 무슨 일이 일어날는지 네가 알 수 없음이니라.
잠언 27:1

I'll Wait Till Later

Proverbs 27:1

Do not boast about tomorrow, for you do not know what a day may bring forth.

Proverbs 27:1

위선자가 너무 많다

로마서 14:12
이러므로 우리 각 사람이 자기 일을 하나님께 직고하리라.

로마서 14:12

Too Many Hypocrites

Romans 14:12

So then, each of us will give an account of himself to God.

Romans 14:12

그리스도를 믿을 수 없다

요한복음 5:39

너희가 성경에서 영생을 얻는 줄 생각하고 성경을 연구하거니와 이 성경이 곧 내게 대하여 증언하는 것이니라.

요한복음 5:39

I Don't Believe in Christ

John 5:39
You diligently study the Scriptures because you think that by them you possess eternal life. These are the Scriptures that testify about Me.

John 5:39

나쁜 종교는 어떠한가

잠언 14:12
어떤 길은 사람이 보기에 바르나 필경은 사망의 길이니라.

잠언 14:12

What About Other Religions?

Proverbs 14:12
There is a way that seems right to a man,
but in the end it leads to death.

Proverbs 14:12

하나님은 아무도 지옥에 보내시지 않을 것이다

마태복음 25:41
또 왼편에 있는 자들에게 이르시되 저주를 받은 자들아 나를 떠나 마귀와 그 사자들을 위하여 예비된 영원한 불에 들어가라.

마태복음 25:41

God Won't Send Anyone to Hell

Matthew 25:41

Then He will say to those on His left, "Depart from Me, you who are cursed, into the eternal fire prepared for the devil and his angels."

Matthew 25:41

이교도들은 어떻게 되나

로마서 1:20
창세로부터 그의 보이지 아니하는 것들 곧 그의
영원하신 능력과 신성이 그가 만드신 만물에 분
명히 보여 알려졌나니 그러므로 그들이 핑계하
지 못할지니라.

로마서 1:20

What About the Heathen?

Romans 1:20

For since the creation of the world God's invisible qualities – His eternal power and divine nature – have been clearly seen, being understood from what has been made, so that men are without excuse.

Romans 1:20

구속받음

베드로전서 1:18-19
너희가 알거니와 너희 조상이 물려준 헛된 행실에
서 대속함을 받은 것은 은이나 금같이 없어질 것
으로 된 것이 아니요 오직 흠 없고 점 없는 어린
양 같은 그리스도의 보배로운 피로 된 것이니라.
베드로전서 1:18-19

Redeemed

1 Peter 1:18-19

For you know that it was not with perishable things such as silver or gold that you were redeemed from the empty way of life handed down to you from your forefathers, but with the precious blood of Christ, a lamb without blemish or defect.

1 Peter 1:18-19

화목하게 됨

고린도후서 5:18
모든 것이 하나님께로서 났으며 그가 그리스도로 말미암아 우리를 자기와 화목하게 하시고 또 우리에게 화목하게 하는 직분을 주셨으니

고린도후서 5:18

Reconciled

2 Corinthians 5:18

All this is from God, who reconciled us to Himself through Christ and gave us the ministry of reconciliation.

2 Corinthians 5:18

사함받음

에베소서 1:7
우리는 그리스도 안에서 그의 은혜의 풍성함을 따라 그의 피로 말미암아 속량 곧 죄 사함을 받았느니라.

에베소서 1:7

Forgiven

Ephesians 1:7

In Him we have redemption through His blood, the forgiveness of sins, in accordance with the riches of God's grace.

Ephesians 1:7

율법에서 해방됨

로마서 6:14-15
죄가 너희를 주장하지 못하리니 이는 너희가 법 아래에 있지 아니하고 은혜 아래에 있음이라. 그런즉 어찌하리요. 우리가 법 아래에 있지 아니하고 은혜 아래에 있으니 죄를 지으리요. 그럴 수 없느니라.

로마서 6:14-15

Free from the Law

Romans 6:14-15

For sin shall not be your master, because you are not under law, but under grace. What then? Shall we sin because we are not under law but under grace? By no means!

Romans 6:14-15

하나님께로 남

갈라디아서 3:26
너희가 다 믿음으로 말미암아 그리스도 예수 안에서 하나님의 아들이 되었으니
갈라디아서 3:26

Born of God

Galatians 3:26

You are all sons of God through faith in Christ Jesus.

Galatians 3:26

제사장이 됨

베드로전서 2:9
그러나 너희는 택하신 족속이요 왕 같은 제사장들이요 거룩한 나라요 그의 소유가 된 백성이니 이는 너희를 어두운 데서 불러내어 그의 기이한 빛에 들어가게 하신 이의 아름다운 덕을 선포하게 하려 하심이라.

베드로전서 2:9

Made Priest

1 Peter 2:9

But you are a chosen people, a royal priesthood, a holy nation, a people belonging to God, that you may declare the praises of Him who called you out of darkness into His wonderful light.

1 Peter 2:9

의롭게 됨

고린도후서 5:21
하나님이 죄를 알지도 못하신 이를 우리를 대신하여 죄로 삼으신 것은 우리로 하여금 그 안에서 하나님의 의가 되게 하려 하심이라.

고린도후서 5:21

Made Righteous

2 Corinthians 5:21

God made Him who had no sin to be sin for us, so that in Him we might become the righteousness of God.

2 Corinthians 5:21

거룩하게 됨

고린도전서 1:30

너희는 하나님으로부터 나서 그리스도 예수 안에 있고 예수는 하나님으로부터 나와서 우리에게 지혜와 의로움과 거룩함과 구원함이 되셨으니

고린도전서 1:30

Sanctified

1 Corinthians 1:30

It is because of Him that you are in Christ Jesus, who has become for us wisdom from God – that is, our righteousness, holiness and redemption.

1 Corinthians 1:30

완전하게 됨

히브리서 10:14
그가 거룩하게 된 자들을 한 번의 제사로 영원히 온전하게 하셨느니라.

히브리서 10:14

Perfected

Hebrews 10:14

Because by one sacrifice He has made perfect forever those who are being made holy.

Hebrews 10:14

의롭다 하심

로마서 3:24
그리스도 예수 안에 있는 속량으로 말미암아 하나님의 은혜로 값없이 의롭다 하심을 얻은 자 되었느니라.

로마서 3:24

Justified

Romans 3:24

And are justified freely by His grace through the redemption that came by Christ Jesus.

Romans 3:24

천국 시민이 됨

빌립보서 3:20
그러나 우리의 시민권은 하늘에 있는지라 거기로부터 구원하는 자 곧 주 예수 그리스도를 기다리노니

빌립보서 3:20

Made Heavenly Citizens

Philippians 3:20

But our citizenship is in heaven. And we eagerly await a Savior from there, the Lord Jesus Christ.

Philippians 3:20

온전하게 됨

골로새서 2:9-10
그 안에는 신성의 모든 충만이 육체로 거하시고 너희도 그 안에서 충만하여졌으니 그는 모든 통치자와 권세의 머리시라.

골로새서 2:9-10

Made Complete

Colossians 2:9-10

For in Christ all the fullness of the Deity lives in bodily form, and you have been given fullness in Christ, who is the head over every power and authority.

Colossians 2:9-10

3. 그리스도 안에 있는 신자의 위치

1) 구속받음	벧전 1:18-19
2) 화목하게 됨	고후 5:18
3) 사함받음	엡 1:7
4) 율법에서 해방됨	롬 6:14-15
5) 하나님께로 남	갈 3:26
6) 제사장이 됨	벧전 2:9
7) 의롭게 됨	고후 5:21
8) 거룩하게 됨	고전 1:30
9) 완전하게 됨	히 10:14
10) 의롭다 하심	롬 3:24
11) 천국 시민이 됨	빌 3:20
12) 온전하게 됨	골 2:9-10

NIV

series 5

Sharing Christ with Others

네비게이토 출판사
http://navpress.co.kr
Printed in Korea
값 2,500원
9 788937 503801